Je veux ma maman !

– À *Sophie, Léa, Paul,
Caroline et Timothée.*
C. C.

– *Pour Iris et Théo.*
M. B.

Je veux ma maman !

CLAIRE CLÉMENT **MADELEINE BRUNELET**

CASTOR BENJAMIN Flammarion

© Castor Poche Éditions Flammarion, 2004 pour la présente édition.
26, rue Racine - 75278 Paris Cedex 06
Imprimé en France. ISBN : 2-08162455-9

Petit Écureuil s'est perdu
en courant comme un fou
dans la forêt.
Son papa et sa maman
le cherchent partout,
mais c'est Paul qui l'a trouvé.

Petit Écureuil est blessé :
il a une grosse épine dans le pied
qui l'empêche de sauter.
Alors Paul le ramasse,
le met dans son anorak,
tout contre sa poitrine,
et il rentre bien vite chez lui.

   Sa maman enlève la grosse épine,
puis elle dit à Paul :
– Voilà, maintenant
Petit Écureuil peut retourner
dans la forêt.

Mais Paul veut le garder.
Il lui fabrique une maison
avec une boîte en carton,
puis il lui cherche un nom.

Il l'appelle **Frisson**,
parce que Petit Écureuil
a toujours l'air d'avoir froid.

Mais Petit Écureuil n'a pas froid !
Il veut sa maman, mais ça,
Paul ne le comprend pas.

Paul lui apporte de la salade,
des glands, des noisettes
et même des bananes !

Mais Petit Écureuil n'a pas faim.
Il veut sa maman, mais ça,
Paul ne le comprend pas.

Paul lui raconte des histoires,
lui montre des images.
Il se déguise aussi pour le faire rire.

Mais Petit Écureuil n'a pas envie
de jouer.
Il veut sa maman, mais ça,
Paul ne le comprend pas.

Alors Paul prend
Petit Écureuil dans ses bras.
Il l'embrasse sur le bout du nez,
pour un peu le câliner.

Mais Petit Écureuil n'a pas envie
d'être bercé.
Il veut sa maman !

Le lendemain,
Maman emmène Paul au zoo.

Il regarde les éléphants, les girafes.
Il donne du pain aux cygnes,
il parle aux phoques.

Et là-bas, il aperçoit les singes.

Paul court, tout excité.
Les singes font des grimaces,
se grattent, se disputent,
s'embrassent.

Et Paul rit, il rit !
Il se retourne pour rire avec sa maman, mais…
Maman, où est-elle ?

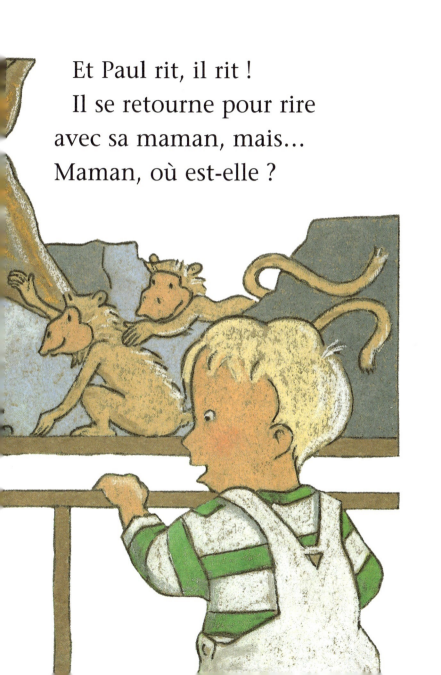

Paul regarde partout,
à droite, à gauche,
mais Maman a disparu.
Paul a perdu sa maman.

Les singes ne le font plus rire.
Paul ne regarde plus
les éléphants, ni les girafes.
Il ne veut plus parler aux phoques,
ni donner à manger aux cygnes.

Paul veut sa maman.

Un monsieur lui prend la main, et lui dit :
– Tu as perdu ta maman ? Viens, nous allons la chercher ensemble.

Et, en attendant,
il lui propose une gaufre.
Mais Paul n'a pas faim.
Il veut sa maman.

Le monsieur imite un singe,
pour le faire rire.
Mais Paul se met à pleurer :
– Je… veux… ma…
ma… man… !

Et tout à coup,
Maman est là, devant lui.
Paul se jette dans ses bras :
– Maman !

Il pleure, et il rit de joie.

En rentrant à la maison,
Paul va voir Frisson.
Il lui dit :
– Frisson, je sais pourquoi
tu ne manges pas,
et pourquoi tu as toujours
l'air d'avoir froid.
Tu es malheureux, n'est-ce pas ?
C'est ta maman que tu veux ?

Alors, pour la première fois,
Paul voit dans les yeux de Frisson
des petits points d'or
comme une pluie de joie !

Le lendemain,
Paul ramène Frisson
dans la forêt.

Papa et Maman Écureuil
sont là.
Ils serrent très fort
leur petit dans les bras.

LE TRUC EN +

➡ JEU

Sauras-tu aider Papa et Maman Écureuil à trouver le bon chemin qui les mènera jusqu'à leur petit ?

Réponse : chemin a

➡ DEVINETTES

As-tu bien suivi l'histoire ?

1) Paul trouve
Petit Écureuil dans :

a le parc

b la forêt

2) Paul donne un surnom
à Petit Écureuil.
Comment l'appelle-t-il ?

a Polisson

b Frisson

3) Paul a perdu sa maman, lui aussi.
C'était lors d'une visite au :

a zoo

b cirque

Réponses : 1b – 2b – 3a

www.editions.flammarion.com

Une précédente version de cet ouvrage est parue en 1998
dans la collection « Trois Loups ».

Imprimé en France par P.P.O. Graphic, 93500 Pantin
12-2003 - N° d'imprimeur : 6769
Dépôt légal : février 2004
Éditions Flammarion - N° d'éditeur : 2455
Loi n°49-956 du 16 juillet 1949 sur les publications destinées à la jeunesse.